EDUCACION | Niños de 3 a 7 | **EMOCIONAL**

¿Está la abuelita en el cielo?

Cómo tratar la muerte y la tristeza

Heike Baum

ONIRO

Título original: *Ist Oma jetzt im Himmel?*
Publicado en alemán por Kösel-Verlag GmbH & Co., München

Traducción de J. A. Bravo

Diseño de cubierta: Valerio Viano

Ilustraciones del interior: Stefanie Scharnberg

Distribución exclusiva:
Ediciones Paidós Ibérica, S.A.
Mariano Cubí 92 - 08021 Barcelona - España
Editorial Paidós, S.A.I.C.F.
Defensa 599 - 1065 Buenos Aires - Argentina
Editorial Paidós Mexicana, S.A.
Rubén Darío 118, col. Moderna - 03510 México D.F. - México

© 2002 by Kösel-Verlag GmbH & Co., München

© 2003 exclusivo de todas las ediciones en lengua española:
Ediciones Oniro, S.A.
Muntaner 261, 3.º 2.ª - 08021 Barcelona - España
(oniro@edicionesoniro.com - www.edicionesoniro.com)

ISBN: 84-9754-057-3
Depósito legal: B-3.388-2003

Impreso en Hurope, S.L.
Lima, 3 bis - 08030 Barcelona

Impreso en España - *Printed in Spain*

Índice

Prólogo

Ya va siendo hora
de que cada uno siga su camino:
yo, el de la muerte.
Vosotros, el de la vida.
Cuál de los dos sea el mejor,
únicamente los dioses lo saben.
SÓCRATES

Queridas lectoras, queridos lectores:

Estas líneas de Sócrates nos recuerdan a todos, los que sin duda hemos sufrido ya alguna pérdida, que el duelo de los supervivientes es una emoción difícil de asimilar.

Toda separación es dolorosa y la pena, una de las sensaciones más dolorosas que se conocen. Sensación que alcanza su punto álgido cuando nos separamos definitivamente de un ser querido. Las palabras de Sócrates pueden aplicarse lo mismo a la muerte de una persona que a cualquiera de las despedidas que el humano experimenta en el decurso de su vida.

Siempre la separación es una consecuencia del crecimiento, del progreso interior. Cuando el niño deja el hogar familiar para iniciar su formación, o cuando se separa una pareja tras haber convivido unos años, ambos sucesos son manifestaciones de una evolución que ha modificado los modos de vida y que conduce a la separación que pone fin a una fase vital. Por eso se ha dicho siempre de las despedidas que «partir es morir un poco». En la separación de una pareja «muere» irremisiblemente la época en que convivieron juntos. Cuando el niño deja la casa paterna no deja de ser un niño, pero que ha rebasado una época de la infancia. Los padres que experimentan esa pérdida han de sufrirla y buscar nuevas metas para sus vidas, lo mismo que ocurre después de la desaparición de un ser querido.

Admitir el sentimiento de la pena, vivirlo conscientemente, nos resulta difícil. Y sin embargo, forma parte de nuestra vida como el nacimiento y como el amor.

Los niños se toman la despedida de otra manera que nosotros, las personas adultas. Lo cual se debe, en parte, a que ellos procesan de otra manera las emociones fuertes, pero también depende de ciertos aspectos psicológico-evolutivos de las diversas fases del crecimiento (de infante a adulto; más sobre esto en el capítulo siguiente). En una cosa coincidimos todos, sin embargo: cuanto antes aprendamos a manejarnos con esos sentimientos dolorosos, más oportunidad tendremos, o más posibilidades de desarrollar, tal vez, unos rituales que configuren las inevitables pequeñas y grandes despedidas de la vida. Para los niños esto significa que dependen de personas dispuestas a enfrentar el sentimiento de pérdida y le consientan al niño la posibilidad de ensayar una definición propia y exteriorizar las sensaciones que ha experimentado.

En el fondo, el adulto también ha de renovar constantemente la búsqueda de maneras de abordar la despedida. Con cada pérdida se reactivan las experiencias pasadas y sentimos de nuevo el antiguo dolor. A mi entender, siempre es un consuelo percibir que no está uno a solas con esa vivencia. La separación, la despedida, son trances que todos compartimos.

Sirva por tanto este libro para atrevernos a emprender esa búsqueda con el niño: redescubrir formas antiguas para enfrentarse a la aflicción y desarrollar otras nuevas. Y no sólo para las grandes despedidas, como la muerte, sino incluso, y más expresamente, para los adioses de la vida cotidiana.

Que no os falten para ese empeño fuerzas ni alegría de vivir.

Heike Baum

Duele separarse...

Cómo se afligen los niños, y lo que los adultos necesitan saber al respecto

Todas y todos tenemos ya, sin duda, alguna experiencia del dolor que nos infligen las despedidas. La pena es una de las sensaciones que nadie quiere. Duele y por eso se procura evitarla. Sin embargo la muerte forma parte de la vida como la respiración misma. Eso es muy difícil de evitar para nosotros, y no obstante es ineluctable.

En este libro no vamos a tratar únicamente de la gran despedida que hemos de aceptar cuando desaparece una persona o una mascota muy querida dejando un vacío en las vidas de los allegados, sino también de las pequeñas despedidas cotidianas. Éstas pueden servirnos para aprender lo que significa sufrir una pérdida, una aflicción, y para buscar individualmente una manera de superarlas.

Muchas veces la despedida es anuncio de un nuevo comienzo

La primera gran pérdida la sufrimos los humanos cuando nacemos. Es un acontecimiento jubiloso. En nuestra cultura nos alegramos de que haya venido al mundo un nuevo ser, y eso es lo que se celebra.

En ese instante, olvidamos a menudo que la separación y la pérdida del estado de simbiosis son grandes tanto para la madre como para la criatura. Lo considero un ejemplo maravilloso de cómo algunas despedidas son necesarias en nuestra vida. La madre y el hijo deben separarse o de lo contrario, ambos perecerían.

Otra cosa más nos revela este ejemplo: el nacimiento no es fácil, sino un trance agotador y doloroso para la madre y para la criatura. En ocasiones incluso hay que abrir el vientre de la madre para poder separar al hijo de ella. En el plano simbólico es un acto de máxima violencia. El recién nacido todavía no habla y por tanto no puede manifestarlo, pero sufre la angustia de entrar en una fase vital nueva y desconocida. Siente el frío y la necesidad de valerse por sí mismo en adelante (empezando por la respiración). Inicia un largo proceso de diferenciación cada vez mayor con respecto a la madre... hasta convertirse en un adulto capaz de defenderse solo.

Es así que los humanos pasamos desde el primer día por la experiencia de tener que configurar despedidas y asumir separaciones, con frecuencia sin darnos cuenta de ello siquiera. Vemos los aspectos positivos, el progreso de una criatura que crece y se desarrolla, y evitamos fijarnos en la parte triste.

Cuando se desteta a la criatura, la madre quizá se alegra de recobrar la disponibilidad de su jornada, y el padre de asumir plenamente la responsabilidad del sustento. Lo que se despide en este caso es una cercanía, una determinada calidad de convivencia que la madre y la criatura compartían en exclusiva y que ahora desaparece definitivamente.

Estas despedidas, de las que generalmente sólo vemos el aspecto jubiloso, van a repetirse muchas veces más, hasta que los hijos se hacen adultos y se emancipan. Como los humanos somos diferentes los unos de los otros, estas separaciones las vivimos de distintas maneras; hay quien se entristece porque las ve como pérdidas, y hay quien celebra la libertad recuperada. Es tremendamente difícil percibir *al mismo tiempo* ambas sensaciones y asumirlas de manera *consciente*.

No hay sensaciones «buenas» ni «malas»

La vivencia de una despedida va unida a muchos sentimientos diferentes. Cuanto más pronto aprendamos a percibir todos estos sentimientos y a manifestarlos, más preparados estaremos para esa despedida que nos arrebata para siempre a los seres queridos: la muerte.

Con frecuencia, en la despedida no sólo vivenciamos la pérdida y la rabia que ésta nos causa, sino también, según las ocasiones, una sensación de liberación y de alivio. En correspondencia con el tipo de despedida de que se trate, y en función de nuestras nociones morales y éticas, estaremos en condiciones de admitir y reconocer toda la gama de estas sensaciones... o no.

A mí, por ejemplo, me ha atormentado la conciencia durante mucho tiempo porque cuando falleció mi padre me sentí más aliviada y liberada que otra cosa. Mi padre sufrió una larga y dolorosa enfermedad que lo tenía totalmente desvalido. Fue una carga muy grande para la familia y para mí. Su muerte me apenó, pero también me devolvía la libertad. Ya no era necesario seguir sintiendo remordimientos porque alguna semana no podía visitarlo y porque no me ocupaba suficientemente de él. Sin embargo, la disposición para ayudar y la atención a los propios padres en la enfermedad y en la vejez son valores muy considerados en nuestra sociedad. Así pues, la norma social según la cual nos debemos a nuestros padres impidió durante mucho tiempo que yo admitiese y diese por buena la sensación de haberme liberado.

¿Quién nos sirve de ayuda en una situación así? La persona capaz de entender que todos tenemos nuestra manera individual de vivir la aflicción, y que los sentimientos no obedecen a normas. Los sentimientos son manifestaciones de nuestro yo íntimo y por tanto hay que admitirlos y tomarlos en serio en tanto que respetables y sinceros.

Pues bien, precisamente los niños tienen una sensibilidad especial para detectar cuándo los adultos no se toman los sentimientos de ellos en serio, o incluso los condenan. Tal situación les transmite una enseñanza: que hay sentimientos buenos y malos. Por tanto, el niño se considera «malo» cuando descubre dentro de sí uno de esos sentimientos etiquetados como tales. Con esto desaparece para él la posibilidad de admitir abiertamente las propias emociones y aceptarlas como lo que son, expresiones de lo que está ocurriendo en su fuero interno. Y que son un aspecto importante, por cuanto le orientan acerca de cómo y con quién quiere disponer su vida, y vivirla.

Que la muerte no sea un tema tabú

Muchos adultos se creen en el deber de proteger a los niños evitándoles el tema de la aflicción. Que no asistan al entierro de la abuela. Y el periquito no murió sino que salió volando y ahora está en el Paraíso de los pájaros.

Es comprensible: pocas cosas deseamos tanto los adultos como dar a los nuestros una infancia alegre y libre de tribulación. Sin embargo la vida no es así. Desde el primer día los niños tienen muchos temores y preocupaciones. En parte las genera el entorno, y en parte son condiciones de la evolución psicológica. Así, por ejemplo, el niño hacia la edad de seis años empieza a captar intelectualmente qué es lo que significa la muerte y que también él está expuesto. Es un descubrimiento angustioso, con independencia de si él ha presenciado ya la desaparición de otra persona o no.

Llegado el caso, los niños captan intuitivamente la angustia y el espanto de los adultos, de donde resulta la sensación de que «de eso no se habla». Se pierde así la oportunidad de analizar el tema de la despedida y prepararse para la eventualidad de que fallezca un ser querido, animal o humano, o uno mismo. La muerte queda convertida en un tabú.

Los niños, sin embargo, necesitan esa posibilidad de asimilar sus sentimientos de tristeza y de cólera, de preguntar, de dar libre curso a la experiencia, sobre todo cuando por algún motivo se ven implicados con cierta intensidad.

Y precisamente porque muchas veces los mayores no tenemos, en lo tocante a estas cuestiones, una respuesta a punto, la ocasión sería excelente para ponerse todos juntos a buscar el sentido, el cómo y el porqué, y para aprender mutuamente de la experiencia. Así nos daríamos cuenta de que los niños se enfrentan al tema sin ideas preconcebidas. Sin pestañear siquiera, son capaces de tenderse dentro de un ataúd, a ver si se descansa cómodamente. Al jardinero del cementerio lo asedian a preguntas. Los niños son curiosos, desean comprender el mundo, sin que nada se les escape. Y no sólo las cosas fáciles y bonitas. En mi opinión, ellos tienen derecho a decidir si quieren ocuparse del tema «separación, despedida, muerte» y hasta dónde profundizar. En cuyo caso nuestra misión, la de los adultos, consiste en plantearnos nuestros propios temores de manera que seamos capaces de acompañar a los pequeños en su curiosidad y en el proceso de su aflicción.

Oscilaciones del estado de ánimo durante la aflicción

El niño afligido a consecuencia de un primer encuentro con la muerte se comporta de manera diferente que los adultos. Por lo general vemos que no mantienen la actitud triste con mucha consistencia. Son frecuentes los bruscos cambios de humor. Así por ejemplo Tom, reciente el fallecimiento de su padre a consecuencia de un accidente de automóvil, permanece en un rincón del jardín de infancia, callado y encerrado en sí mismo. Como si sólo estuviera presente de cuerpo, pero no de espíritu, y meciéndose un poco. Minutos más tarde lo vemos integrado con los demás, enfrascado en el juego colectivo. En ese momento parece un niño feliz y despreocupado.

¿Cuánto dura la fase de aflicción? No se puede generalizar. Depende de la cercanía y confianza que hubiese existido entre el niño y la persona, o incluso la mascota. Y también de la edad de la criatura, y de la ayuda externa que haya recibido. El proceso del duelo, más o menos largo, recorre varias fases. Con frecuencia, después de un primer período de estupefacción relativamente breve predomina una especie de exaltación, como si todo estuviera felizmente superado. Sucede así porque el niño (y muchas veces también las personas adultas) necesita un tiempo para reponerse, durante el cual trata de situarse de nuevo en su vida cotidiana y rehacerse, hasta que sobreviene a continuación la etapa dolorosa siguiente.

Con esto da comienzo una época de frecuentes cambios. Unas veces lo vemos tranquilo, otras lo hallamos de nuevo encerrado en sí mismo y visiblemente sumergido en su aflicción. Él mismo está empezando a comprender que no puede haber nuevo comienzo mientras la despedida no haya recorrido todas sus fases ineludibles.

Se trata, pues, de hacer posible que los niños entiendan lo que es una despedida y así la acepten más fácilmente. Que comprendan que la despedida forma parte de un nuevo comienzo, que la muerte es parte de la vida, sin necesidad de reprimir los propios sentimientos ni querer restarles importancia.

Perder a un ser querido es, indudablemente, una experiencia terrible. Y sin embargo esa tribulación también forma parte de la vida. Cuanto antes nos hallemos en condiciones de asimilar esto más fácil nos resultará el admitir que la muerte es una de las partes integrantes de la vida en su totalidad. Eso no va a disminuir el vacío interior ni el dolor que nos causa la desaparición de una persona que fue importante para nosotros. Pero pone de manifiesto que esa parte, la muerte, es algo que nos hermana a todos.

En qué pueden ayudar las personas adultas

En el niño de edad preescolar, asistir a un fallecimiento es un suceso especialmente grave, ya que él depende de unos adultos que le transmiten la sensación de hallarse protegido y seguro. La muerte en tanto que hecho irreparable y definitivo atemoriza a los niños. Les rompe completamente los esquemas. Necesitan cierto tiempo para entenderla en toda su dimensión: Sí, la abuelita murió pero volverá para estar con nosotros la próxima Navidad, ¿no es cierto? Tardarán en comprender que la abuelita se ha marchado para siempre.

Durante este período, el menor se ve enfrentado a una serie de sentimientos, algunos muy intensos. Está en primer lugar la aflicción por la pérdida: la abuelita se ha marchado y no la verá más. Segundo, el temor de que pueda ocurrir algo parecido con los padres, o con uno mismo. La duda de si sus padres volverán a mostrarse alegres y fuertes en el futuro. Pero el niño de corta edad apenas dispone de recursos para vivenciar estas sensaciones de manera diferenciada, distinguiendo y llamando a cada cosa por su nombre. Le faltan palabras y con frecuencia va a necesitar que una persona adulta se las proporcione y las ponga en relación con lo que él siente. Así puede ocurrir, por ejemplo, que el niño que acaba de perder a un ser querido moleste a los demás pequeños del jardín de infancia interfiriendo en sus juegos o incluso mostrándose agresivo con ellos. Una educadora avezada que observe esta reacción aprovechará la oportunidad para hacer que él hable de esa cólera que le embarga, y que es una manifestación del sentimiento de pérdida.

En los períodos de aflicción intensa el pequeño sigue necesitando a la persona adulta que le enseñe cómo convivir consigo mismo y que esté dispuesta a acompañarle. A la adulta le incumbe la gran responsabilidad de encontrar el punto de equilibrio.

En primer lugar debe ofrecer con asiduidad el tema en las situaciones actuales, pero por otra parte debe también dejar que ellos se le acerquen con ánimo lúdico o por curiosidad, sin forzarlos. Una plétora de información quizá no sería asimilada en esas condiciones.

Así la muerte y la despedida, partiendo de una situación actual, pueden ocupar a los niños repetidamente, dentro de unos límites temporales bastante amplios. Ellos irán cobrando confianza en sí mismos a medida que advierten que la persona adulta los toma en serio. Sobre todo es importante que se avenga a dedicarles todo el tiempo necesario. Lo cual significa, por una parte, estar dispuesta a hablar con los pequeños, y también que la educadora participe las sensaciones propias a sus colegas y a los padres de los niños. Éstos tienen derecho a que se les diga la verdad, y la habilidad y el deber de la persona adulta consiste en buscar una expresión de la verdad adecuada a los esquemas mentales de unos pequeños.

Para colaborar a ello, paso a exponer seguidamente los aspectos de la evolución psicológica que determinan la manera en que los niños viven un fallecimiento.

Hasta los tres años de edad

La palabra «muerte» todavía no les dice nada. Ellos están más pendientes de cómo nacen y se desarrollan los humanos. No obstante la desaparición también desempeña un cierto papel, relacionado sobre todo con el temor de los infantes a la separación. Quieren tener la seguridad de que sus personajes de referencia siempre estarán ahí, hasta que ellos lleguen a ser capaces de valerse por sí solos. La muerte se asocia entonces a la noción de abandono, de quedarse solo, que activa temores muy intensos.

A menudo el niño vive la desaparición de una persona adulta como castigo por algo que él hizo y que cree habría disgustado a esa persona. Por eso es importante tranquilizar a los niños que han de enfrentarse a esa edad con una muerte, haciéndoles saber, por ejemplo, que ellos no tienen la culpa de que se haya muerto la abuelita, y que más allá de la muerte la abuelita sigue queriéndolos.

La muerte es inmovilidad, y esto es lo que muchas veces intentan simular en sus juegos, como tratando de averiguar qué es «eso». Pero, naturalmente, el juego no puede transmitir toda la experiencia en este caso, porque el niño se va a levantar tan pronto como deje de jugar a «estar muerto». Hay otra cuestión y es que a esas edades, los pequeños creen en la omnipotencia de los adultos. Muchas de las cosas que hacen las personas mayores les parecen sencillamente prodigiosas. ¿Cómo es que ese poder de los adultos pierde toda su eficacia, precisamente, ante un fallecimiento? Por eso se atemorizan los niños cuando ocurre tal cosa y la abuelita no regresa: ahí los mayores han fracasado y el niño empieza a preguntarse qué otras cosas *no pueden* conseguir ellos. La confianza incondicional en la capacidad de los padres para protegerle a él y protegerse a sí mismos queda seriamente quebrantada.

De los cuatro a los cinco años

A estas edades el niño atribuye vida a todas las cosas que existen. En su esquema mental, el osito de felpa, el coche de juguete y las flores del jardín son seres vivos. Cuando se rompe un juguete o alguien corta la margarita, el pequeño se entristece.

Es una época de vivo interés hacia la muerte. Un animal muerto es observado y estudiado con gran curiosidad. En los juegos, a los perdedores les toca tumbarse y «hacerse el muerto». A veces también juegan a estar enfermos y morirse. Cuando se enfadan con otros niños o con una persona adulta no es raro que digan «muérete» por «quiero que te largues de aquí, no te aguanto». A los cuatro o cinco años la muerte aún no se entiende como suceso irreparable y definitivo. Están convencidos de que los muertos acabarán por levantarse y seguir viviendo alegremente.

A esas edades la muerte se relaciona sobre todo con la vejez y la enfermedad, y en ocasiones también con las guerras y los sucesos violentos. Las asociaciones vinculadas son la inmovilidad, la oscuridad, el sueño nocturno, la ausencia de signos de vida como respirar o comer... pero contempladas siempre como circunstancia pasajera: en seguida la abuelita volverá a abrir los ojos y dirá como siempre: «¡Ah! Estás aquí. Hola, cariño».

Los niños no consiguen imaginar que hubo un tiempo en que ellos no estaban, y habrá otro tiempo en que no estarán. El verse definitivamente separados de un ser querido, emocionalmente no cabe en su fantasía porque el miedo que acarrea esa noción es demasiado grande.

Cuando el niño vive a esa edad la experiencia de la muerte del ser querido, este y otros muchos temores se actualizan. Tienen miedo a acostarse, miedo a la oscuridad y a quedarse solos. Puesto que ya no están seguros de que mamá y papá vayan a regresar, mejor que no se alejen demasiado.

En esta situación las personas adultas deben tener especial cuidado con los términos utilizados para referirse a la muerte. La abuelita no «duerme»: murió. Para nosotros la metáfora del sueño tiene un valor de consolación porque evocamos una despedida apacible; para el niño puede significar que es mejor no dormirse. Por precaución: ¿y si luego no despertamos nunca más? Si han visto que el cuerpo fue enterrado, pero se les dice que la abuelita está en el cielo, la confusión aumenta. Hay que explicarlo, pero dándoles margen para que ellos puedan formarse una idea propia sobre el reino de los muertos. Conviene inducirlos a que nos cuenten lo que piensan al respecto; así conocemos mejor sus esperanzas, sus deseos y sus temores.

Resumiendo diremos que el niño *en edad preescolar* no comprende todavía la muerte como despedida definitiva de la vida. Aún no ha tenido la oportunidad de asimilar emocional y racionalmente los tres criterios delimitadores habituales:

- La muerte afecta a todos los humanos.
- La muerte es inevitable.
- La muerte es definitiva.

Desde los seis años en adelante

A partir de esa edad (aproximadamente) empiezan a comprender ese carácter definitivo e irrevocable. La mente racional comienza a distinguir y admite las relaciones abstractas. Lo cual suscita la aparición de nuevos temores, al descubrir que también la propia vida tiene un tiempo limitado y que no va a durar eternamente. Es una época de gran curiosidad, sobre todo hacia los aspectos emocionales de la muerte. Para poder hablar francamente con una persona adulta es preciso que no se le oponga ningún tabú.

La muerte y la aflicción como temas en el seno de la familia

Ante un fallecimiento en la familia o entre personas allegadas es necesario transmitirles que se les hace caso y que sus temores, sus preocupaciones, sus preguntas y sus diversos sentimientos son tomados en serio. Que no reciban la impresión de ser excluidos, ni de las conversaciones, ni de las ceremonias fúnebres. Tampoco tiene sentido que los adultos traten de ocultar sus sentimientos, ¿por qué no ha de ver el niño la tristeza o incluso la desesperación de las personas adultas, puesto que él capta intuitivamente, de todas formas, dichos estados de ánimo? Pero si tratamos de ocultarlos o de negarlos le creamos una confusión añadida. La noción de que hay que ocultar los sentimientos es ajena a la infancia; los niños lloran y por tanto entienden perfectamente que alguien llore.

Hay cuatro puntos importantes para la persona adulta que quiera ofrecer un buen ejemplo en cuanto a la demostración de los sentimientos:

• No encerrarse y aislarse totalmente en su propio dolor, sino continuar demostrando cariño y atención a la criatura. Podemos hablar con ella de nuestra aflicción pero sin dejar de prestar oídos a sus pequeñas preocupaciones cotidianas.
• Darle a entender que él no es la causa de los sentimientos dolorosos, aun cuando plantea una y otra vez el tema con sus preguntas.
• No hay que esperar del niño palabras de consuelo, consejo ni apoyo. A los niños nunca hay que hacerlos responsables por los sentimientos de los adultos, ni servirse de ellos como terapéutica sedante. Aunque a veces nos resulte difícil, hay que soportarlos tolerando que a ratos alboroten o hablen alto: ya hemos dicho que ellos viven la aflicción de diferente manera que los mayores.
• Debe ofrecérseles asimismo la posibilidad de comentar acerca del llanto. El niño que por primera vez ve llorar a una persona adulta se lleva un susto tremendo. No es imprescindible contestar enseguida a sus preguntas, pero podemos convenir con él que lo haremos en un instante futuro. Es útil que la criatura comprenda que ahora la persona adulta necesita llorar o sollozar incluso, para su propio bien.

Al mismo tiempo, en estos momentos difíciles los niños necesitan poder seguir confiando en el adulto, que les ofrece seguridad y la garantía de que la vida continúa. Sin embargo, muchas veces la persona que acaba de perder a un ser querido se siente imposibilitada para ofrecer ese apoyo a una criatura, ya que ella misma lo necesita en esa circunstancia. En tal situación importa recordar la responsabilidad que tenemos para con nosotros mismos y para con la criatura; si es necesario, hay que recurrir a la ayuda de terceros. Por ejemplo, solicitando a una persona adulta y allegada a la criatura que asuma la responsabilidad por algún tiempo (limitado, desde luego). También puede ser útil que adultos y niños acudan a grupos de auxilio mutuo, en los que se reúnen personas que están pasando por situaciones similares, y que muchas veces disponen de programas especiales de atención a los niños.

A las personas mayores les incumbe también el informar acerca del suceso luctuoso a los educadores y maestros del niño, así como a las demás figuras de referencia de éste como pueden ser los padres de sus amiguitos, a fin de que reaccionen con sensibilidad y conocimiento de causa ante posibles cambios de comportamiento o necesidades especiales.

La muerte y la despedida como temas en el jardín de infancia

Si se va a hablar de despedidas, aflicción y muerte a nivel de centro preescolar, es indispensable incluir a los padres. El educador debe explicarles su propósito y cómo ellos van a acompañar al pequeño en el recorrido de ese tema. Para comentar las preocupaciones y los temores de los padres, lo más indicado es reunirse en una velada con ellos, que los educadores aprovecharán para explicar por qué desean abordar tales cuestiones con las criaturas. Sin duda los mayores colaborarán, en la medida en que se les haga comprender que los niños adquieren con ello competencias que van a serles útiles durante toda la vida. Para conseguirlo es necesario que el equipo pedagógico, a su vez, esté de acuerdo y haya realizado un trabajo preliminar actuando sobre sus propios temores y preocupaciones de manera que hayan asumido el tema. No obstante, hay que aceptar que algunos padres, por ejemplo, no quieran que sus hijos visiten un tanatorio. También hay que tener en cuenta y tomar en serio las objeciones de tipo religioso que puedan presentarse por parte de personas de raíces culturales distintas de las nuestras.

Cuando un suceso luctuoso afecte directamente al jardín de infancia, por ejemplo el fallecimiento de uno de los niños, o del hermanito de alguno de ellos, se debe informar a los demás padres. Si por razones de organización no es posible convocar una reunión inmediata de padres, se les comunicará individualmente cuando se presenten para dejar o recoger a sus pequeños. De lo contrario, es posible que los desprevenidos padres se vean desbordados por las noticias y las preguntas de sus hijos en relación con un hecho que ellos desconocen, y que su reacción no sea la más adecuada para prevenir los temores de las criaturas.

Principios y fines forman parte de la vida

Configurar conscientemente las pequeñas despedidas cotidianas

Se han reunido en este capítulo algunos juegos, actividades y sugerencias para que los niños empiecen a entender cómo toda nuestra vida se caracteriza por el cambio constante. Se pretende también despertar la curiosidad de los pequeños, para que pregunten y así sea posible comentar el tema sin tabúes y dentro de unas condiciones protegidas. Cuando hemos de ocuparnos, como sucede a menudo, de nuevos comienzos y despedidas, todo resulta más fácil si nos sentimos integrados en una comunidad que proporciona soporte y asistencia. Para las conversaciones sobre el cambio, las despedidas y la muerte, será fundamental crear una atmósfera limpia, donde todos estén de acuerdo en que no hay sentimientos correctos ni incorrectos, ni preguntas tontas, ni contestaciones que debamos reprocharnos.

Como personas adultas, recordaremos siempre que los niños tienen otra manera de comunicar con su fuero interno y manifestar las emociones. Nuestras limitaciones no necesariamente coinciden con las de ellos.

Nacimiento y devenir en el ciclo anual

No hay más que contemplar la naturaleza para observar cómo cambia todo constantemente. Tiene su sentido llamar la atención de los pequeños sobre este hecho y considerar con ellos, de manera consciente, el ciclo de un año entero.

Para empezar, en primavera la persona adulta les leerá un fragmento de algún libro ilustrado que explique las estaciones del año. A continuación los niños dirán ejemplos de despedidas y nuevos comienzos que se les ocurran. Partiendo de estos conocimientos previos la persona adulta completará detalles y añadirá algunas explicaciones que hagan al caso. Si los niños preguntan algo que esa persona no sepa contestar, quizá se podría solicitar ayuda a un profesor de biología.

- Por ejemplo, algunos insectos no viven más que un año. Sus larvas hibernan y en la primavera siguiente salen del capullo para emprender la fase adulta.
- Hay moscas de otoño que sólo viven un día.
- En invierno la naturaleza parece muerta en muchos aspectos.
- En otoño los árboles se despidieron de sus hojas. Éstas han muerto y vuelven a la tierra para descomponerse y servir de alimento al mismo árbol.
- El año termina y comienza otro año nuevo, suceso que los humanos solemos celebrar con gran júbilo y algazara, ¿sabe alguien por qué?
- Después de esto el árbol reanuda su crecimiento y le nacen nuevas hojas y flores.

No han de faltar ocasiones para visitar la naturaleza bajo la guía de una persona adulta. Allí verán muchos ejemplos de nacimiento y muerte. Sin duda observarán animales jóvenes y animales muertos, plantas en flor y plantas agostadas que ya no reverdecerán. En esta ocasión descubrirán muchas cosas nuevas y conocerán la naturaleza, pero se trata sobre todo de agudizar la sensibilidad para el ciclo de la vida.

EDAD:	3 años o más
PARTICIPANTES:	uno o más niños
MATERIAL:	ninguno
TIEMPO:	todo un año natural
LUGAR:	la naturaleza

¿Qué tiene que ver conmigo la historia?

*Para profundizar en los temas que sacamos de un libro
ilustrado, conviene dejar que los niños relacionen
lo narrado con sus propios sentimientos y experiencias vitales.*

Los niños se sientan en corro y van contando lo que ocurrió en la historia. A lo mejor piden que la persona mayor repita el relato leyéndolo en un libro. Luego se pondrán a pensar si alguna situación de sus propias vidas les recuerda uno de esos acontecimientos. ¿Qué pasó? ¿En qué consistió lo diferente? ¿En qué consistió lo parecido? ¿Concede el niño mucha importancia a algún detalle de la historia? ¿Cuál? ¿Una frase, una escena? ¿Le atribuye mucha trascendencia para sí mismo? ¿Desearían hacer las cosas de otra manera en el futuro?

A continuación se les facilitarán materiales para que desarrollen alguna manualidad expresando el tema que los ocupa, y por último, que la expliquen.

EDAD:	**3 años o más**
PARTICIPANTES:	**uno o más niños**
MATERIAL:	**libro ilustrado, materiales para bricolaje, pegamento, etc.**
TIEMPO:	**unos 60 minutos**
LUGAR:	**donde no estén expuestos a interrupciones**

Preguntas sobre preguntas

Éste es un método aconsejable para empezar a orientarnos sobre el grado de conocimiento que los niños tienen del tema «muerte y despedida», y qué otras representaciones suelen asociar con el mismo.

Las personas adultas preparan varias preguntas que giren alrededor de las cuestiones de la despedida y la muerte. En medio del corro se colocará una cesta cubierta con una servilleta. Cada niño depositará en ella un objeto personal, a ser posible sin que lo vean los demás. Entonces una persona adulta lee una pregunta y saca un objeto de la cesta. El niño que sea el propietario del objeto responderá a la pregunta. En ocasiones sucederá que uno o varios niños discreparán de la respuesta que haya dado el primero. En estas situaciones la persona adulta no se cansará de repetir que cada uno tiene su propia noción de la muerte y nadie tiene razón ni deja de tenerla. ¡A cada uno su verdad! Contestada la primera pregunta, se procede a leer la siguiente y el último niño que contestó sacará el objeto siguiente de la cesta.

EDAD:	3 años o más
PARTICIPANTES:	3 o más niños
MATERIAL:	un objeto personal de cada niño, unas preguntas preparadas de antemano
TIEMPO:	unos 30 minutos
LUGAR:	cualquiera donde puedan reunirse sin interrupciones

Algunas preguntas posibles:
- ¿Te has sentido triste cuando alguien marchó de viaje?
- ¿Dónde mueren las personas?
- ¿Has visto alguna vez una persona muerta o un animal muerto?
- ¿Has visitado alguna vez el cementerio?
- ¿Has sentido añoranza alguna vez?
- ¿Qué ocurre cuando muere alguien?, etc.

Rondó

Otra posibilidad para poner en marcha una conversación
entre los niños sobre el tema de la muerte y de la despedida.

Todos los niños se sientan formando un corro interior y otro exterior, cara a cara. La persona adulta va planteando distintas preguntas, y se contestarán mutuamente los niños que en este momento se hallan encarados. Una vez hayan respondido ambos correrá el turno un lugar y se pasa a la pregunta siguiente.

Ejemplos:

- ¿Has visto una película en la que muriese alguien? Cuenta en pocas palabras cómo ocurrió.
- De noche, en la cama, tienes miedo de que aparezca un fantasma y te haga daño? ¿Qué haces para evitarlo?
- Cuando sientes miedo, ¿tienes alguna mascota de felpa o una muñeca que te protege?, etc.

EDAD:	**4 años o más**
PARTICIPANTES:	**6 o más niños**
MATERIAL:	**una silla para cada niño.**
TIEMPO:	**unos 15 minutos**
LUGAR:	**en la habitación**

¿Qué opinas de eso?

Ante un tema difícil los niños suelen expresarse con más soltura cuando notan que no están solos en lo que sienten o piensan. Para darles facilidades se ha ideado la actividad siguiente.

Los niños se colocan en el centro de la habitación. En las cuatro esquinas la persona adulta habrá colgado cuatro hojas de papel. En una de ellas ha dibujado un puño con el pulgar apuntando hacia arriba, significando «sí, de acuerdo». En la siguiente el pulgar apunta hacia abajo y quiere decir «no, falso». Estos dos papeles se hallarán en rincones enfrentados diagonalmente. En el tercero se habrá dibujado una cara alegre, y en el último una cara triste. Éstos irán a ocupar los dos rincones restantes. Comentaremos los dibujos con los niños y como ejercicio destinado a confirmar que han entendido lo que significan las imágenes, haremos que se encaminen alternativamente al rincón «triste», al «alegre», al «verdadero» y al «falso».

EDAD:	**4 años o más**
PARTICIPANTES:	**6 o más niños**
MATERIAL:	**4 dibujos como los descritos**
TIEMPO:	**unos 10 minutos**
LUGAR:	**en la habitación**

Entonces la persona adulta les dirigirá varias preguntas. A cada una, los niños se dirigirán espontáneamente hacia el rincón que a su modo de ver corresponde, y comentarán entre ellos las razones de su decisión. Luego regresan todos al centro de la estancia para volver a empezar.

Las preguntas podrían ser éstas u otras parecidas:
- ¿Qué os parecen las visitas de la abuela en vuestra casa?
- ¿Cómo os sentís cuando la abuela se despide?
- ¿Creéis que hay sensaciones buenas y malas?
- ¿Creéis que un niño puede llorar lo mismo que una niña?
- ¿Duele morirse?, etc.

La pequeña despedida cotidiana

Todos los días tomamos decisiones a favor de unas cosas y en contra de otras. En cada una de estas ocasiones nos despedimos de algo sin darle mayor importancia al hecho. Los niños no suelen darse cuenta de ello siquiera. Al llamarles la atención sobre ello, comprenden que es un hecho frecuente y hasta qué punto tienen ya experiencia del mismo.

Al término de la jornada los pequeños se reunirán a comentar lo que hicieron. La persona adulta les invitará a contar contra qué decidieron. Por ejemplo Katia le preguntó a Luisa si quería salir a jugar con la pelota. Pero Luisa prefirió quedarse con Sandra en la cocina para hornear unos pastelillos. Así que Katia hubo de renunciar por hoy a jugar con Luisa a la pelota. Todos juntos tratarán de recordar otras situaciones de la jornada en que se vieron obligados a prescindir de la satisfacción de un deseo. ¿Qué sensaciones les produjo esto? ¿Les pareció grave, o un acontecimiento corriente?

EDAD:	**2 años o más**
PARTICIPANTES:	**uno o más niños**
MATERIAL:	**ninguno**
TIEMPO:	**unos 10 minutos**
LUGAR:	**dondequiera que puedan hablar sin interrupciones**

Vivir las despedidas

Cuando los niños se hayan familiarizado algo con la idea de tener que despedirse de algún deseo o esperanza, haremos que intenten considerar alguna despedida que hayan vivido.

Los pequeños se reúnen y recuerdan la última vez que estuvieron realmente enfadados o tristes porque tuvieron que despedirse de algo. Por ejemplo Kilian ha contado cómo se enfadó con su madre ayer, cuando ella fue a recogerlo en casa de su amigo. Estaban jugando y precisamente cuando más divertidos se hallaban, apareció la madre para llevarse a Kilian, y no pudieron terminar el juego. Los niños pasarán revista a las sensaciones que se producen en estos casos y cómo asimilarlas.

EDAD:	**2 años o más**
PARTICIPANTES:	**uno o más niños**
MATERIAL:	**ninguno**
TIEMPO:	**unos 10 minutos**
LUGAR:	**dondequiera que puedan hablar sin interrupciones**

NOTA

El objeto de esta reflexión no es tratar de imaginar juntos, por ejemplo, cómo Kilian podría persuadir a su madre para que le dejase quedarse más rato jugando con su amigo. Se intenta revivir conscientemente una sensación desagradable, y ejercitarnos en cómo soportarla. De este modo aumenta la capacidad para resistir la tensión. Ellos se dan cuenta de que estas sensaciones también forman parte de la vida, y también comprenden que hasta lo peor termina alguna vez.

La vida, sinfonía multicolor

*Para descubrir si la vida les resulta a los niños llevadera
o difícil, es buena idea ponerlos a pintar, seguido quizá
de un coloquio o comentario.*

La persona adulta pondrá una música suave de fondo. Se debe dejar a los pequeños mucho espacio para que se acerquen el papel por cualquier lado. Van a pintar su vida. No es necesario sugerir ninguna imagen concreta. La vida tiene muchos colores y les pediremos que expresen la suya cromáticamente. Al final se organizará una exposición para que ellos vean los trabajos de sus compañeros. Que hablen de los colores y de las vivencias que éstos significan para ellos. La persona adulta controlará que ningún niño emita juicios de valor sobre las interpretaciones de otro. Puede ocurrir que la risa sea equivalente del amarillo para una de las criaturas, mientras que otra prefiere el azul para significar lo mismo. Finalmente hablarán de la relación entre los colores claros y hermosos y los oscuros y sombríos en sus pinturas.

EDAD:	**2 años o más**
PARTICIPANTES:	**uno o más niños**
MATERIAL:	**brochas, colores a la aguada (o ceras, si son muy pequeños), papeles grandes**
TIEMPO:	**unos 20 minutos**
LUGAR:	**en la habitación**

NOTA

Lo mismo que en la actividad anterior «Vivir las despedidas», lo óptimo sería que el adulto lograse comunicar a los niños la impresión de que la vida tiene momentos claros y momentos oscuros, que se alternan y se complementan.

Quiero que vuelva a ser lo que era

Los niños también viven algunas despedidas difíciles. El que pierde su muñeco preferido y no lo encuentra. El que pasó unas vacaciones tan felices que no desea regresar a la ciudad. El que tenía un hermano mayor muy querido pero que se ha marchado de casa. De estos temas sí desean hablar. En la conversación tal vez descubriremos algo que sirva para ayudarles en la situación actual o en otras venideras.

EDAD:	**2 años o más**
PARTICIPANTES:	**uno o más niños**
MATERIAL:	**ninguno**
TIEMPO:	**unos 10 minutos**
LUGAR:	**dondequiera que puedan hablar sin interrupciones**

Tratan de recordar alguna vez en que se sintieron realmente tristes porque fue preciso despedirse de algo o de alguien. Se lo cuentan los unos a los otros y juntos reflexionan acerca de lo que les sirvió de ayuda en tales situaciones. Incluso es posible que se les ocurran ideas útiles para otra vez. Si se concreta alguna de estas sugerencias, las convertiremos en actividades a realizar enseguida: un dibujo que enviaremos a la abuela; una carta para el hermano que se fue, en la que no dejaremos de mencionar lo mucho que le echamos en falta; el dibujo de la cámara fotográfica que compraremos el año que viene y que utilizaremos para retratar todo lo que nos guste durante las vacaciones, etc.

Querido Tom, te echo mucho de menos

Sin despedida no hay nuevo comienzo

Cuesta admitirlo cuando el caso se repite tanto: muchas veces hay que dejar algo para poder aceptar otra cosa. Hay que ceder lugar a lo nuevo. Es ley de vida pero no basta con captarla racionalmente, hay que vivirla.

Por la mañana los pequeños buscarán un objeto de su preferencia. Se habrá convenido que este día ningún niño podrá tener más de una cosa al mismo tiempo. Lo cual significará que, si uno lleva el osito de felpa y luego quiere jugar con los bloques del juego de construcción tendrá que dejar el osito. Y no podrá acaparar más de un bloque al mismo tiempo.

EDAD:	**3 años o más**
PARTICIPANTES:	**2 o más niños**
MATERIAL:	**para cada niño un objeto que sea su preferido**
TIEMPO:	**toda la jornada**
LUGAR:	**cualquiera**

Durante la jornada, y cada vez que se tropiecen los unos con los otros, vaciarán los bolsillos, a ver si llevan algo escondido por inadvertencia. ¡Qué normal nos parece el tener tantas cosas sin que sea necesario renunciar a ninguna de ellas! ¡Y qué difícil resulta, a veces, el tener que renunciar a una cosa para elegir otra!

Así presentada la idea en forma de metáfora, los niños la comprenden con facilidad. Si tengo la mano ocupada con un objeto no puedo asir otro. ¿Tal vez eso les recuerde una situación en que vivieron algo parecido, bien sea en el sentido material o emocionalmente? Esta eventualidad puede dar pie a un debate.

Cuanto estoy triste me consuela...

Cada persona manifiesta necesidades diferentes cuando se siente triste o solitaria. En esta actividad los pequeños intentarán recordar qué es lo que les sirve de consuelo cuando ellos están tristes.

Hay que poner a disposición de los niños diversos materiales. En esta ocasión vamos a pedirles que recuerden una situación en la que se sintieron tristes, y qué fue lo que les ayudó a salir de ella. Es decir, cómo se consolaron (o, en su caso, desearían haber sido consolados).

A continuación pintarán o modelarán la situación que los consoló. No es importante que un espectador pueda reconocer la pintura o la figura como tales. La persona adulta debe dejar bien sentado que lo importante es que ellos mismos puedan reconocerse emocionalmente a través de las sensaciones y de la escena que las representa.

Cuando todos hayan terminado se reunirán a contemplar juntos sus obras. Si quieren también pueden explicar a los demás lo que representan emocionalmente, por ejemplo: «Esta caja pequeña dentro de otra más grande quiere decir que cuando estoy triste me gusta que mamá me abrace como si fuese a envolverme del todo...».

EDAD:	**3 años o más**
PARTICIPANTES:	**2 o más niños**
MATERIAL:	**papeles, colores, material abundante para manualidades**
TIEMPO:	**15 minutos como mínimo**
LUGAR:	**donde puedan trabajar sin interrupciones**

Comprender la muerte y sentir, sin embargo, la vida

Juegos, actividades y ritos relacionados con la muerte

Cuando uno de los niños integrantes del grupo ha de enfrentarse, por el motivo que sea, a un fallecimiento, ello afecta automáticamente a todos los demás. Por eso es tan importante el poner la circunstancia en conocimiento de todas las personas adultas que constituyan referencia para esos niños, a fin de que reaccionen de manera oportuna. En algunos niños despierta la curiosidad: ¿qué es la muerte? Otros se muestran perplejos o compungidos, y algunos expresan espontáneamente su voluntad de ayudar. Por tal motivo es útil y necesario que las personas adultas se tomen algún tiempo durante esos días y que proporcionen a los niños oportunidad de formular preguntas y de exteriorizar sentimientos.

Tan pronto como una de las personas adultas

haya intuido cuáles son las cuestiones y los temas principales que embargan el ánimo de los chicos, podrá sugerirles alguna actividad de la colección que se propone en este capítulo. O bien prescindir de iniciativas para esa jornada; puede darse el caso de que el niño afectado deba ser protegido frente al agobio de preguntas u ofrecimientos de consuelo de los demás. Lo importante es que el mismo protagonista pueda establecer estos límites.

Dar forma a las propias representaciones acerca de la muerte

Durante las jornadas siguientes se ofrecerá a los pequeños la posibilidad de desarrollar sus propias nociones acerca de la muerte, y que manifiesten reiteradamente lo que sienten.

Que expresen mediante pinturas o modelados cómo conciben la existencia después de la muerte. ¿Adónde va la persona o el animal después de su fallecimiento? ¿En qué se ocupan? ¿Cómo es ese lugar? ¿Es un sitio claro y ameno, o sombrío y triste? ¿Hay colores? ¿Necesitan ellos comida y una cama para dormir?

Cuando hayan acabado se sentarán en corro y se explicarán mutuamente sus realizaciones. Que intercambien puntos de vista, pero se debe atender (por parte de la persona adulta) a que no caigan en juicios de valor. Nadie sabe lo que hay después de la muerte, por tanto tienen razón todos y cada uno con sus ideas.

EDAD:	**2 años o más**
PARTICIPANTES:	**uno o más niños**
MATERIAL:	**abundancia de material para manualidades, papeles, colores, pegamento, etc.**
TIEMPO:	**unos 15 minutos**
LUGAR:	**donde puedan trabajar sin ser interrumpidos**

NOTA

No hay que ocultarles que el cuerpo se descompone con el tiempo y se reintegra a la tierra. Es el ciclo de la vida, con independencia de lo que cada uno crea en cuanto al espíritu. A un niño le resulta muy difícil entender que el alma del difunto esté «en los cielos» mientras que el cuerpo permanece enterrado. La persona adulta debe contribuir a resolver esa tensión.

El reloj de los sentimientos

Cuando los niños se ocupan del tema de la muerte les asaltan los más variados sentimientos. La dificultad estriba en que les falta el dominio de la lengua para expresarlos adecuadamente. La ayuda de una persona adulta les es indispensable para hacerse entender. Esa persona se limitará a reflejar lo que vaya comprendiendo a través de la conversación. Al mismo tiempo se facilitará a los niños otros medios que también necesitan para manifestar y asumir lo que sienten.

Sobre un disco de cartón de varios colores, cada niño dibujará en vez de las cifras del reloj distintas caras con expresión diferente: una cara alegre, otra triste, otra furiosa, otra indiferente, otra enfadada. La manecilla del reloj se fija en el centro con ayuda de un encuadernador. Se explicará a los niños que este reloj sirve para que cada uno indique, al comienzo de cada jornada, cómo se siente ese día, o si va cambiando su estado de ánimo conforme transcurren las horas. La persona adulta podrá ajustar su actitud según las indicaciones que vea en los relojes de los niños. Tal vez algunos de ellos querrán participar lo que les preocupa. Una vez hayan tenido ocasión de manifestar lo que sienten, quizá querrán cambiar la posición de la manecilla. Sin embargo, si algún niño no quiere hablar ese día la persona adulta debe aceptarlo.

EDAD:	3 años o más
PARTICIPANTES:	uno o más niños
MATERIAL:	cartón, ceras o botes de colores, encuadernadores, tijeras
TIEMPO:	unos 25 minutos
LUGAR:	donde puedan trabajar sin ser interrumpidos

NOTA

El niño directamente afectado por un caso de aflicción se erige en «experto», ya que él ha experimentado por sí mismo lo que ocurre y lo que se debe hacer cuando fallece un ser humano, o incluso una mascota. Debe hacérsele notar su competencia y recibir por ella el elogio oportuno.

Visita al tanatorio

En los días siguientes los pequeños podrán visitar los lugares donde hay muertos o donde éstos son preparados para el último descanso. Existen instituciones especializadas en explicar ese tema a los niños.

Las personas adultas buscarán una institución que acepte recibir este tipo de visita y prestar personal dispuesto a explicar su trabajo y contestar preguntas. En una conversación preliminar con los niños trataremos de averiguar qué es lo que van a querer preguntar, a fin de que el personal esté preparado. Aunque sin duda se les ocurrirán otras cuestiones una vez se hallen en el lugar.

EDAD:	4 años o más
PARTICIPANTES:	uno o más niños
MATERIAL:	ninguno
TIEMPO:	una o dos horas
LUGAR:	tanatorio

NOTA

Cuando se vaya a emprender con los niños una «excursión» de este tipo, es de rigor informar previamente a todos los padres. Dado que la muerte es un tema tabú para muchas personas adultas, habrá preguntas que aclarar e inseguridades que despejar previamente.

Visita al cementerio

Los niños tienen sus maneras de plantearse el tema. Muchos de ellos no creen que el cementerio sea un lugar donde hay que sentir escalofríos, o andar despacio y hablar en voz baja. Ésas son normas de los adultos, transmitidas de generación en generación durante muchos años, pero que hoy no son necesariamente las más adecuadas. Por tanto, es aconsejable organizar la visita en fechas de escasa frecuentación de los camposantos, a fin de que los pequeños puedan moverse con libertad y encontrar por sí mismos la actitud conveniente para tal lugar.

Los niños realizarán la visita en grupo. Observarán las diferentes lápidas y la persona adulta les leerá lo que dicen los epitafios. Al mismo tiempo se les hace comprender que las sepulturas están destinadas a permanecer muchos años. Lo cual va a suscitar otras preguntas, a las que trataremos de hallar una respuesta común. Quizá sea posible contar con la colaboración de algún sacerdote o religioso de mentalidad abierta, que transmita a los pequeños algunas nociones sobre las ceremonias cristianas y el significado cultural de las sepulturas.

EDAD:	**2 años o más**
PARTICIPANTES:	**uno o más niños**
MATERIAL:	**ninguno**
TIEMPO:	**una o dos horas**
LUGAR:	**cementerio**

NOTA

En las grandes ciudades se celebran también ritos laicos incluyendo el discurso fúnebre sin connotación religiosa; en algunos casos también será posible visitar cementerios judíos o musulmanes (o las secciones reservadas a estas confesiones en los cementerios municipales). En Suiza se han creado lo que allí llaman «jardines del eterno descanso»: los difuntos son enterrados al pie de un árbol elegido por ellos mismos en vida.

Si los niños van a visitar la sepultura de alguien a quien hubiesen conocido en vida, pueden dedicarle unos pensamientos, o decirle unas palabras al difunto, o depositar alguna ofrenda.

Puede tratarse de cosas que ellos mismos hayan recogido, como unas flores, unas hojas, unos bastoncillos o unas piedras bonitas y de distintos colores, por ejemplo. O incluso algo que hayan confeccionado, un molino de papel, una banderita, un lazo de la amistad, etc. Estos preparativos darán ocasión a que los niños hablen de la persona desaparecida, permitiéndoles exteriorizar sus sentimientos y que pregunten lo que se les ocurra.

En algunos cementerios tienen reglas bastante estrictas en cuanto a los adornos y ofrendas con que se decoran las sepulturas. En mi opinión los sentimientos de los visitantes deberían tener prioridad siempre y cuando no se desmerezca el decoro y estética general, lo que podría ofender a otros deudos.

En caso de duda, la persona adulta consultará (con amabilidad) en las oficinas.

Creencias ajenas

En este mundo hay muchas opiniones diferentes sobre la muerte y lo que hay después. Puesto que nadie lo sabe de cierto, conviene que cada uno se forme su propio criterio que le alivie el temor a la muerte.

La persona adulta buscará material de lectura e imágenes que ilustren las creencias de diferentes religiones acerca de la muerte y el más allá. Los pequeños utilizarán estos materiales para montar una exposición, considerarán las imágenes y manifestarán los pensamientos y las sensaciones que aquéllas les suscitan. Quizá sea posible recurrir a un profesor de religión que disponga de ese material y esté dispuesto a contestar preguntas.

Con frecuencia se encuentra material idóneo en los museos. En algunas grandes ciudades existen museos de pompas fúnebres y de cultura sepulcral, que pueden visitarse o enviar información.

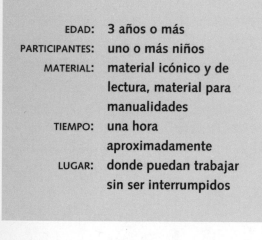

EDAD:	3 años o más
PARTICIPANTES:	uno o más niños
MATERIAL:	material icónico y de lectura, material para manualidades
TIEMPO:	una hora aproximadamente
LUGAR:	donde puedan trabajar sin ser interrumpidos

Fue hermoso y absurdo

Para el niño que ha perdido a un ser querido, una mascota o un familiar, el recuerdo suele resultar doloroso. Al mismo tiempo, sin embargo, la remembranza ayuda a mantener vivo el recuerdo de ese animal o de esa persona, lo cual produce un cierto consuelo. En ese relato cabe evocar cosas bellas o incidentes absurdos. Todo sirve.

La persona adulta se sienta con los niños y los invita a hablar de las personas o los animales muy queridos por ellos y ya desaparecidos. Ellos contarán qué cosas sabían hacer, cómo eran, qué los alegraba o disgustaba. También conviene que los niños describan qué era lo que más les agradaba en la relación con estos seres, y si al-

EDAD:	3 años o más
PARTICIPANTES:	uno o más niños
MATERIAL:	ninguno
TIEMPO:	unos 20 minutos
LUGAR:	cualquiera en donde no se les interrumpa

guna vez se impacientaron con ellos o si tenían algún rasgo que no les gustaba. Los pequeños que todavía no han tenido ninguna experiencia con la muerte escuchan y hacen preguntas. Su curiosidad facilita la asimilación de la pena por parte del afligido.

NOTA

¿Qué hacer cuando los niños adoptan una actitud de rechazo frontal ante la sugerencia de este tipo de recuerdo? Lo más importante, darles a entender siempre que la experiencia les pertenece y que cuando se les pregunta, es un ofrecimiento y no un deber que ellos estén obligados a cumplir. A lo mejor el niño prefiere dejarlo para otra vez, o hablar a solas con la persona adulta para comunicarle algo.

Dejo... que se aleje

A menudo los actos simbólicos tienen una especie de virtud curativa. Por eso, yo recomiendo siempre a las personas afligidas que busquen algún tipo de ritual cuya acción externa represente lo que ellas desearían realizar interiormente. A continuación describo algunos rituales para niños y adultos, en los que se representa la despedida de un modo simbólico.

El grupo busca pedazos de corteza, o solicita unos cuantos tarugos de madera en una carpintería. Con el cúter, las pinturas, palitos con banderas, etc., cada uno construirá un barquito, con la ayuda del adulto, que se encargará de todo el trabajo que sea de talla.

Cuando estén acabados, los niños comentarán lo mucho que cuesta desprenderse o prescindir de algo. Para uno puede ser la pérdida de un ser querido, persona o animal; para otro, un deseo no realizado, una preocupación, un juguete roto, etc.

Finalmente irán juntos con sus barcos a la orilla de un río o de un lago, o a la vera del mar. Es bella la atmósfera al anochecer, cuando la naturaleza se despide del día y comienza el crepúsculo. Los niños forman corro. Cada uno llevará una lámpara de té en la mano y dejará su barca en el suelo, delante de sus pies. La persona adulta, que también habrá confeccionado su barca, tomará su lámpara de té y la encenderá, anunciando en voz alta de quién o de qué se despide con este acto. Luego encenderá la lámpara del niño más próximo. Éste también anunciará su despedida antes de pasar la llama. Una vez encendida la lámpara de té, se colocará ésta en la barca, ambas cosas puestas en el suelo.

Cuando estén iluminadas todas las barcas, cada uno de los niños se acercará al agua cuando él quiera, pero acompañado del adulto, y botará la barca dejando que se aleje. A este efecto son ideales las orillas de fácil accesibilidad, donde las aguas presenten algo de corriente que se lleve las barcas con cierta rapidez. Los niños permanecerán un rato sentados siguiendo con la mirada sus barcas; luego se tomarán todos de las manos y abandonarán el lugar.

EDAD:	2 años o más
PARTICIPANTES:	uno o más niños
MATERIAL:	cortezas de pino o tarugos de madera de alguna carpintería, cúter, pinturas, palitos, trozos de tela, pegamento, clavos, martillo, etc. Para el ritual, una lámpara de té
TIEMPO:	unos 40 minutos
LUGAR:	cualquiera en donde no se les interrumpa, y la orilla del agua

Despedida con fuego

*Este ritual de despedida está indicado para un grupo
que pueda reunirse de noche y que estén familiarizados
con lo que es una fogata de campamento.*

Los niños pintarán figuras que representen a los seres o los objetos de los que se despiden. A continuación lo explicarán en presencia de todos. Se entregarán tres velas mágicas a cada niño. Con el papel del dibujo envolvemos una de las velas y la atamos con una cinta roja, metiendo en ésta las otras dos velas. Al anochecer se enciende la hoguera y los niños se sientan alrededor formando corro. Cuando se haya reducido la llama y queden las brasas, la persona adulta tomará 50 gramos de salvia (de venta en herboristerías y tiendas de dietética) y las echará al fuego. El humo tiene un aroma muy agradable y la persona adulta explicará que así como el aire se lleva el olor, que se lleve también las penas, las preocupaciones y los temores.

Ahora los niños se acercarán de uno

EDAD:	3 años o más
PARTICIPANTES:	uno o más niños
MATERIAL:	papel y colores en abundancia; para cada niño una cinta roja y las tres velas mágicas; 50 g de salvia; un fuego de campamento
TIEMPO:	una hora aproximadamente
LUGAR:	cualquiera en donde no se les interrumpa, y el fuego de campamento

en uno y echarán al fuego su dibujo con las velas mágicas. Evitaremos que se forme cola o aglomeración para echar las imágenes al fuego; que cada niño determine por sí mismo el momento en que quiera hacerlo.

Echar a las llamas los papeles de la ira

En el fondo de la aflicción que sentimos se oculta muchas veces la cólera. De ahí la dificultad que las personas adultas experimentan con estos sentimientos, porque se nos ha enseñado que el duelo debe observarse en actitud callada y «civilizada», y que no se debe guardar rencor a los difuntos. Sería más saludable poder manifestar esa rabia interior para desahogarla plenamente y así expulsarla.

De nuevo haremos que los niños pinten algo. En este caso se trata de expresar las situaciones que habitualmente los enfurecen mucho. Entre ellas también figura la rabia que sentimos cuando fallece una persona querida o un animal sin que el afligido haya podido hacer nada para evitarlo.

Cuando estén acabados los dibujos, cada niño tomará un petardo tipo «bombeta», lo colocará en medio de la hoja de papel y arrugará la hoja con fuerza hasta convertirlo en una pelota. Hecho esto, se reunirán todos a comentarlo. Al anochecer encenderemos de nuevo una fogata, y después de perfumar el aire con salvia (véase la actividad anterior, *Despedida con fuego*), haremos que arrojen la pelota de papel con todas sus fuerzas a las llamas, actuando de uno en uno. Estará permitido gritar y decir palabrotas. Que manifiesten el enfado del que desean librarse. El petardo estallará con fuerte detonación y un breve destello de luz intensa.

EDAD:	**3 años o más**
PARTICIPANTES:	**uno o más niños**
MATERIAL:	**papel y colores; un petardo para cada niño, 50 gramos de salvia, fogata de campamento**
TIEMPO:	**una hora aproximadamente**
LUGAR:	**cualquiera en donde no se les interrumpa, y la fogata de campamento**

Las piedras de la ira

Otro ritual de mucha fuerza para desahogar cualquier tipo de cólera, excepto la asociada a nuestra aflicción.

Cada niño elegirá un pedrusco de forma redondeada y del tamaño de un puño, como mínimo. Sobre la piedra pintarán con acuarelas lo que representa su cólera, de manera realista o simbólica (por elección de formas y colores adecuados para representar esa emoción). Ahora la cólera se ha transferido a la piedra. Los niños se acercarán a la orilla de un lago, o a la playa, a ser posible hacia el anochecer. Allí forman corro, siempre acompañados de una persona adulta, que también llevará su propia piedra de la ira. Todos se mostrarán mutuamente sus pedruscos y explicarán lo que significan. Luego se acercarán al agua, uno a uno, y arrojarán la piedra con todas sus fuerzas, lo más lejos que puedan.

Algunos niños son menos hábiles en esto de arrojar piedras. Para que no sufran la decepción que acarrearía un tiro demasiado corto, que ensayen con otras piedras antes de lanzar la «verdadera». Cuando todos hayan lanzado la suya, los reuniremos de nuevo y haremos que se tomen de las manos en señal de haber alejado de sí todo sentimiento negativo. Todo el grupo se alejará sin volverse siquiera a mirar.

EDAD:	3 años o más
PARTICIPANTES:	uno o más niños
MATERIAL:	piedras, colores de todas clases, pincel, etc.
TIEMPO:	una hora aproximadamente
LUGAR:	cualquiera en donde no se les interrumpa, y a la orilla del agua

Dile a mi amigo...

Cuando alguien desaparece de nuestra vida, a menudo su presencia persiste en nuestro corazón durante mucho tiempo. Le enviaremos un buen deseo con el fin de manifestar nuestros sentimientos.

En recuerdo de un amigo difunto o que se fue, o de una mascota, los niños pintarán sobre el papel un deseo. Luego se lo explicarán mutuamente, lo cual dará pie posiblemente a algunas remembranzas. Dejemos que se expansionen cuanto quieran, y finalmente haremos que cada uno ate su dibujo al hilo de un globo. El grupo saldrá al aire libre y quizá quiera recordar la canción preferida del amigo y soltar los globos, para que los buenos deseos lleguen cuanto antes a él.

EDAD:	**3 años o más**
PARTICIPANTES:	**uno o más niños**
MATERIAL:	**papel y colores; un globo para cada niño, tal vez un trozo de cinta roja**
TIEMPO:	**una hora aproximadamente**
LUGAR:	**dondequiera que no se les interrumpa**

Un cofre del tesoro personal

*Los pequeños necesitan un medio para preservar los recuerdos,
ya que la memoria emocional es una facultad que va desarrollándose
gradualmente en los niños. Para mantener presentes las sensaciones,
incluso las desagradables (puesto que es conveniente que sigan su
proceso hasta producirse la asimilación), podemos hacer que se ayuden
con objetos, imágenes, etc., que recuerden las situaciones. Cuando haya
llegado la hora de desprenderse de alguna de estas cosas, no dudemos
que el niño lo hará.*

Cada niño tomará una caja de zapatos o similar, que puede decorar a su gusto. Será
en adelante su particular cofre del tesoro, y lo guardará en casa. Cuando tenga una
bonita experiencia puede elegir un objeto que represente esa ocasión para él, y guar-
darlo en el cofre. Si ocurre algún fallecimiento, una separación, la despedida de un
amigo, etc., guardará en el cofre algo que evoque a esa persona. De esta manera, podrá tomar en sus manos de vez en cuando alguno de estos objetos y recordar las situaciones. Así se tiene acceso a sentimientos de diversa coloración afectiva, y también se aprende a soportar tensiones: «Por una parte me alegro porque fue muy
bonito, pero por otra parte estoy triste porque aquello acabó». Es muy importante
que nadie abra la caja sin permiso del niño; lo que
ella contiene forma parte de su patrimonio
personal y no debe ser curioseado.